철조망 거둬내서 농로 하나 내면

조광태 시집

들꽃시선 90

철조망 거둬내서 농로 하나 내면

조광태 시집

| 자서 |

내가 살아있는 동안 아니 죽어서도 아버지 대한 반성, 죄는 다 덜어내지 못할 겁니다.

단 한 번도 따뜻하게 불러보지 못한 호칭, 마주 보고 마음껏 웃음 한번 나누지 못한 죄인. 정겨운 얘기 나눈 적이 없었던 기억, 늘 힘들게 일만 하시고 얼굴에 주름만 기억되는 아버지, 고향땅 북녘에 두고 홀로 떠나온 아린 가슴이 아버지의 삶을 더 힘들게 했는지, 오십 년 넘는 세월을 북녘 땅에 부모형제 두고 가슴 아리게 그리워하다 끝내 가지 못하고 두 눈 감으신 아버지, 아버지 같은 그리움이 휴전선에 쌓이고 쌓여도 고향땅 가지 못하는 것은 여전합니다.

이제 고향을 제대로 기억하는 사람들은 얼마 남지 않았는데 철조망을 넘어 고향땅 밟은 사람 없고 철조망은 더 견고하게 바람마저 찢어 패대기치기만 하고 깊은 침묵의 수렁으로 빠져들어 아린 가슴 보듬어줄 반가운 소식은 없으니 얼마큼을 더 아파하고 얼마큼의 세월을 철조망 밑에 묻어야 철조망을 두 발로 밟고 고향땅 갈 수 있는지, 가시철조망 거둬내서 철원평야 한가운데 우뚝 선 철원은 언제 다시 볼 수 있는지.

이 시집이 나올 수 있도록 도와주신 모든 분과 늘 걱정의 눈빛으로 못난 자식 지켜보신 어머니 그리고 가르침을 주신 민영 선생님께 감사드립니다.

2007년 11월

조광태

철조망 거둬내서 농로 하나 내면

차례

자서 / 4

묶음 하나 : 어둠을 가셔 내는 냇물

어둠을 가셔 내는 냇물 / 14
비닐봉지 / 16
불꽃 / 17
실종 - 무서움은 가슴속에서 지어내는 겁니다 / 18
아카시아 / 20
소주병 / 21
선술집에서 / 22
빈 가지 / 23
잎 / 24
개가 짖는 이유 / 25
산 / 26
새 / 27
팔려 가는 개 / 28
조는 비둘기 / 30
들국화 / 32

묶음 둘 : 아버지의 빈 지게

아버지의 빈 지게 / 34
아버지 발뒤꿈치에 굳은살 / 36
아버지 / 37
어머니 / 38
연탄불 갈아 넣는 어머니 / 40
석천사 / 41
삼부연 폭포 / 42
나이테 / 44
앞집 기름보일러 소리 / 45
팔자타령 / 46
토해지지 않는 세월 / 48
겨울밤 / 50
컴퓨터와 늙은 호박 / 51
정 / 52

철조망 거둬내서 농로 하나 내면

묶음 셋 : 내고향 황해도 봉산군 은파리

호적등본 / 54
철조망 거둬내서 농로 하나 내면 / 56
2020년 경원선 철길 / 57
철원 역에서 / 58
철조망 안에 피운 꽃 / 59
아버지 묘비에 새기고 싶은 말 / 60
아버지 영전에 / 61
경원선 / 64
舍利 / 66
원산 앞바다 생태 / 67
꿈 / 68
나이 칠십이 넘어도 / 69
내 고향 황해도 봉산군 은파리 / 70
빨래 / 72
평양 하늘은 아직 무사한가 / 74

묶음 넷 : 한탄강이여 전해주오

한탄강이여 전해주오 / 76
더 기다릴 시간이 없는데 / 77
궁예 도성 / 78
이제 고향 길 열린다고 하던가 / 80
뿌리 / 82
철조망 울타리 / 84
장구 / 85
오십 년 전에 떠난 내 아들아 / 86
地圖 / 87
금학산 / 88
그럴 수는 없을까 / 90
가시 넝쿨 / 92
아버지 고향 그려낼 수 없네요 / 93
쇠말뚝 / 94

묶음 다섯 : 산판에서

산판에서 / 98
강물 / 99
겨울나무 / 100
그날을 위하여 / 101
한숨 / 102
겨울밤 · 2 / 103
삼부연 폭포에서 / 104
봄바람 / 106
빈 가지 · 2 / 107
철원평야 - 금학산 / 108
농심 / 109
농심 - 서울 새댁 / 110
농심 -벼 이삭 / 111
농사가 삽질 낫질로 되던가 / 112
논두렁 / 113
농심 · 2 / 114

철조망 거둬내서 농로 하나 내면

물어뜯긴 낱말 / 115
대보름 윷놀이 / 116
울음성터에서 장검을 주우며 / 118
그럴까 / 120
겨울들녘 / 121
살구꽃 / 122
목탁 / 123
골프장에서 - 상처 / 124
골프장에서 - 그거 별거 아니더라 / 126

■발문 | 정춘근
혼신으로 쏟아내는 肉聲은 신선한 충격 / 128
■작품해설 | 이주섭
최전방 마을에서 실향민의 아들로 살아가기
- 조광태의 시세계 / 130

묶음 하나

어둠을 가셔 내는 냇물

어둠을 가셔 내는 냇물

냇물은 별빛을 품어 안고
물길 막는 어둠을 가셔 낸다.

어둠은 높은 산에서 시작된 거라
골짜기에 갇힌 어둠을 끌어내려고
계곡 물길은 쉼 없이 어둠을 끌고
낮은 곳으로 흘러간다.

돌부리 바위틈에 부딪히는 소리
굽이굽이 숨 막혀, 거칠어지는 물살은
어둠에 섞어진 수면을 닦아 내려고
거친 바닥에 온몸을 문지르다 보면
여울목 급하게 빠져나간 어둠은
또다시 잔잔한 수면 위로 퍼진다.

물살은 퍼진 어둠을 물가로 밀어내고
어둠은 깊은 곳으로 들어서기만 해
냇물은 더 낮은 곳으로 어둠을 끌고 가면

폭넓은 물길을 만난 어둠에 끝이 끌려오면서
높은 산부터 밝아 오기 시작하더라.

비닐봉지

일회용 검은 봉투로
담아 온 물건을 토해 놓으면
어둠침침한 구석에 처박히다
어떻게 버려졌는지 알지 못한 채
담벼락 밑에 굴러다니는 비닐봉지
가볍게 보는 바람에 멱살을 잡혀
허공으로 끌려갔다 떨어지는 반복 속에
온몸이 갈기갈기 찢겨 피멍이 들어도
바람은 언제나 우습게 끌고 다니다
시들해지면 낯선 곳에 처박히는 비닐봉지

나는 거대한 도시바람 불어오는 거리에서
일회용으로 길든 세상 사람들 속에서
저 비닐봉지보다 얼마나 더 무거울 수 있는지.

불꽃

아무것도 없으므로 돌아가는 것은 고통스러운 것인가
편하고 아늑해지는 것은 고통스러운 것인가
눈부시고 화려한 것은 자신을 지우는 것인가
다시 볼 수 없어 아름다운 것인가
자기 몸을 태워 어둠을 밀어내는 불꽃
자기 몸을 태워야 살 수 있는 불꽃
타는 고통이 주는 건 따뜻함인데
삶에 지쳤다고 아궁이 앞에 앉은 나는
내 몸을 태우는 처절함으로 살아왔던가
뜨거운 몸부림으로 세상을 태운 적은 있던가
지금 흘리는 눈물은 나를 태우는 불꽃인가
채울 수 없는 허상을 비워내는 고통인가
저 불꽃 속에 내 몸을 던져
따뜻함만 주는 불꽃이 되고 싶다.

실종

- 무서움은 가슴 속에서 지어내는 겁니다

몇천 명이
약초 캐러 가신 분
실종의 뒤를 쫓는 것이
벌써 몇 달째인가.
희끗희끗한 응달쪽 눈자락을 헤치며
의심나는 벼랑 끝자락을 뒤져도
실종의 끝자락은 보이지 않아
지친 걸음 산등성이에 주저 앉았는데
계곡 아래 사람이 쓰러져 피 흘린 모습이 보였습니다
순간 가슴은 덜컥 내려앉고 두 다리는 후들 거리면서
마음만 사람이 쓰러져 있는 쪽으로 갈 뿐
두 다리는 움직여지지 않았습니다
주위 사람을 목청껏 불러 봐도 산울림만 있을 뿐
첩첩산중에 홀로 떨어진 것 같아
깊어지는 무서움을 밀어낼수록
뚜렷한 모습은 확인돼
허둥거리며 다가섰는데!

어디서 날아왔는지
사람의 모습이 그려진
시뻘건 천이 누워 있는 겁니다.

아카시아

물 건너온 의붓자식인 줄 아는지
저것이 토종이 아닌 줄 아는지
이 땅에 발붙이고 살려는 목숨 줄이
잘라도 생겨나고 뽑아도 생겨나서
개나리 진달래 조팝꽃 다 피고 진 뒤에
서럽게 도진 가시로 세상 눈치 살피다
여름 문턱이 돼서야 하얀 꽃잎 피워내는 걸 보면
토박이들에게 기가 죽긴 죽었던 게야
그런데 요것이 밤만 되면 닫힌 창문을 넘어와
코끝을 파고드는 향기로 우리를 유혹하는 거야
나 좀 봐 달라고 어서 와서 나 좀 안아 달라고
꿈에서나 들을 수 있는 달콤한 속삭임에
당장에라도 쫓아가 향기 속에 휘감기고 싶어도
그것이 이 땅에서 버틴 헤픈 향기 같아
그 향기 맡으면서도 개운치 않은 게
그것들이란 말이여

소주병

내 손에 와서
목이 비틀어져야
너는 이름을 찾는
소주병이 되는구나.

비워낸 만큼
너의 이름으로
허기를 채우면
가슴으로 흐르는
소주병이 되는구나.

너는 채워져 비우지만
난 빈 가슴으로 태어나서
채워도 채워지지 않는 까닭에
날마다 너를 품고 사는구나.

선술집에서

여보 게 친구 사는 게 힘들어
가끔은 소주잔에 기대며 살아도
자네 만나 반듯한 소주 한 잔을 못 내도
오랜만에 건네는 술잔이 반가워서
넘치게 따르는 소주잔을 비운다.

시름 더는 술잔에 취해 가는 목소리가
불끈거리는 속에 것 토해 놓으면서
세상 반듯하게 일궈내지 못한 서글픔을
소주잔에 주고받는 것도 괜찮지 않은가

얼굴 벌겋게 털어놓는 사는 얘기들이
가슴을 타고 흐르는 술잔으로 차올라
마시면 마실수록 가슴 파랗게 차올라
터지는 웃음소리에 우리는
흐르는 정으로도 취해만 가고.

빈 가지

앙상한 빈 가지는
아무리 추워도 겨울밤 하늘에
총총하게 빛나는 별 바라볼 수 있어
파고드는 찬바람 이겨냈는지 몰라

모두가 두 손 후후 불며
겨울로 깊어만 가도
겨울을 넘겨야 단단해지는 빈 가지는
두 손 모아 하늘 마주 보며 서서
봄으로 가는 꿈 꾸고 있었는지 몰라

기다리던 봄 햇살 닿기 무섭게
빈 가지 푸른 잎 틔우는 걸 보면
겨우내 안으로 쌓인 시름
맑은 여울소리에 씻어내며
가슴에 담은 별빛 꽃으로 피우는 꿈
키우고 있었는지 몰라

잎

잎을
간질이며
다가서는 바람이야

스쳐 가는 김에
나 여기 있다고
잘 있었느냐고
흔적을 남기는 것이지만

스스로 흔들 수 없는
잎은 어디 그런가
지 좋아서 부대끼고
달려드는 줄 알고
상기된 몸짓은

바람이 흔드는 것보다
더 큰 흔들림으로
흔들리는 걸

개가 짖는 이유

한 평도 안 되는 개장 속에서
주인 놈이 던져 주는 먹잇감에
꼬리 흔들며 허겁지겁 먹어 치우고
모자란 듯 아쉬움에 입맛 다시는
너의 우주는 한 평도 안 되는 개장이다

어떻게 생겨나서 철창 속에 갇혔는지
알지 못하고 고깃덩어리로 길러지는 너는
저 벌판을 마음껏 달려 보고 싶어도
철창 속에서 벗어날 수 없어 밤마다
별을 향해 광기의 목청 높이는 것뿐이다

벌판을 마음대로 활보하던 조상을 향해
너만의 언어로 너의 외로움 너의 슬픔
너의 구속을 고발하려고 짖어도
대답 없는 어둠 속에서 목구멍이
터지도록 울어 보는 것이다.

산

산 새 소리가 어여쁠 수 있는 것은
이름없이 피고지는 꽃이 어여뻐도
찾아와 바라보는 이 하나 없고
그 향기 새겨 담고 가는 이 하나 없어
홀로 바람결에 허공을 향해 흔들리다
날아가는 새들의 눈빛 속에 담겨
꽃잎 어여쁘다고 노래하기 때문이지요.

산 꽃이 어여쁠 수 있는 것은
이름 없는 새소리 아무리 듣기 좋아도
찾아와 들어주는 사람 하나 없고
그 소리 가슴에 담아 가는 이 하나 없어
홀로 부르는 노래는 허공으로 떠돌다
이름 없이 피고 지는 꽃잎 속에 새겨져
노랫소리 그려낸 게 꽃잎이기 때문이지요.

새

살던 보금자리도
미련없이 버리고
떠날 수 있으니까
높은 하늘 자유롭게
날을 수 있는 게야

논두렁에 버려진
벼 이삭으로 허기를 채워도
하늘을 날며 넓은 세상
내려다볼 수 있어
더 높이 날을 수 있는 게야

품은 욕심 없으니
어둠이 내리는 갈대밭에서
고단한 날개를 접어도
향기 있는 노래 부르며
어딘들 갈 수 있는 게야

팔려 가는 개

성대가 제거돼서
낯선 소리에도 짖지 못하고
고깃덩어리로 길러 져
도살장으로 끌려가는 너를 봤다

개장사가 오는 걸 어찌 알았는지
목청껏 짖지 못하는 너는
꼬리 내리고 설설 기는 모습에
주인 놈은 고기 근 더 나올 기대로
저울 눈치만 살피지만

너는 오늘이 마지막이라는 것을
알아차리고 모든 걸 포기한
동공에 눈물만 맺혀 있더라

개장사 트럭에 옮겨졌어도
주인 눈치만 살피며 꼬리 쳐도
돈뭉치 세느라 너에게 관심이 없으니

너는 마지막 인사도 못하고
도살장으로 끌려가는구나

조는 비둘기

장작을 패며
무심코 쳐다본 나뭇가지 위에
조는 비둘기 한 마리

처마 밑에 장작더미 쌓느라
조는 비둘기 잊고 있었는데
언제 당했는지 마당 한쪽에
살려는 몸부림이 남긴
흩어진 깃털 사이로 속살을
다 파 먹힌 비둘기

약자는 강자의 매서운 눈빛에
일거수일투족 감시당하면서
약한 틈만 보이면 순간적으로
잡아먹히는 세상이구나.

강자의 부리 끝에 뜯긴 깃털만
주인 잃고 바람에 날리는 순간에도

내 빈틈을 누군가 지켜보면서
서서히 속살을 파먹고
껍데기로 버려질지 모르지

들국화

기울어지는 숲을
찬이슬 머금은
작은 꽃송이가
받치고 있구나.

잎이 떨어질수록
무거워지는 숲은
작은 꽃잎에
기대고 있구나.

꽃이 흔들이면
숲이 흔들이고
하늘이 흔들리고
땅이 흔들려

바람은 언덕 아래
몸을 낮춰
꽃의 눈치만
살피고 있구나.

묶음 둘

아버지의 빈 지게

아버지의 빈 지게

살아생전
짓누르는 무게 내려놓을 틈 없이
오 남매 길러온 아버지의 빈 지게
주인 없는 자리가 서러웠던지
헐어진 세월 등받이 멜빵에 두고
먼 산 끌어다 뒤뜰로 앉힌 처마 밑에서
작대기 없는 두 발로 가는 세월 짊어지고 있네요

서럽던 세월도 이제 강물로 흘러가고
그 세월 따라 아버지도 가셨지만
내 어린 기억 속에 아버지의 빈 지게는
바소쿠리에 담은 꼴짐이나 나뭇짐보다
빈 지게 밭두렁 가에 받쳐놓고
먼 산 바라보던 모습이 더 무겁게 보였는지

짊어져도 짊어질 수 없는 가난 앞에
가슴에 들어붓는 소줏값이 아까워
논두렁 밭두렁에서 가슴 달래던

아버지의 빈 지게는 지금도
고된 세월을 짊어지고 가네요,

아버지 발뒤꿈치에 굳은살

장작불로 구들장을 달궈도
윗목 걸레가 어는 겨울이면

평생 지게질만 하시던
아버지의 발뒤꿈치에
나무 등걸보다 단단하게 굳은살이
찬바람에 핏빛으로 갈라 터지면

가마솥에 데운 물로 불 겨서
면도칼로 긁어내신 아버지는
찢어 낸 광목에 밥풀을 짓이겨
굳은살 긁어낸 자국마다 동여매고도

속으로 박힌 쓰린 아픔이 욱신거려
잠들지 못해 뒤척이시던 모습이
가슴 시리게 생각납니다.

아버지

어릴 적부터
눈뜨기 무섭게
욕바가지 안겨 주면서
싫은 일만 시키셨는지
따뜻한 정 한번 느껴보지 못하고
아버지 손매에서 멀어지려고
어린 나이에 집 떠나 객지로 돌며 커도
가슴 속엔 아버지 원하는 일은 하지 않으리라
아버지와 함께 살지 않으리란 다짐은
아버지 위암 말기 진단 앞에서
하늘이 뿌옇게 흐려 옴을 느껴도
좋다는 약 천지 사방으로 찾아 헤매도
미워하는 감정은 가셔지지 않았는데
참기 어려운 암 투병 석 달 만에
뼈만 남은 채 돌아가신 뒤에야
앙상한 품에 쓰러져 울기만 했습니다

불러도 대답 없는 침묵을
영영 벗지 못하는 굴레로 짊어지고

어머니

어머니!
아침별이 온 누리를 비추듯
당신에 넓고 깊은 사랑 알고 있지만
해진 기억만 몰고 다니는
미덥지 못한 자식 못난 탓에
백날을 하루같이 근심으로 사시는 어머니
날마다 재 너머로 붉은 해는 놓아주면서
노을처럼 타오르는 근심 걱정은 놓질 못해
당신께선 언제나 바위 같은 무거움이 타서
까만 울컥거림이 주름으로 도진 얼굴입니다
악착같이 질겨지는 작은 몸은 비록
부서지고 부서져도 마음은 부서질 줄 모르는 체
고된 세월 가슴으로 삭히며 살아오신 어머니
그 가냘픈 몸매에 우주보다 더 큰사랑을 담아서
자식들 다 키워 떠나보냈어도 끝나지 않은 당신 사랑
끝없이 퍼 줄수록 고여드는 사랑 지니신 어머니
그 사랑 너무 커서 광활한 우주 떠다니는 별이
밤마다 저렇게 유리알처럼 빛나는 것인지

온 밤 눈빛 가득 별을 담아서 당신께 드리면
육신에 배어든 당신에 고달픈 세월도
가슴 졸이는 근심 걱정도 다 지울 수 있을까요
어머니!

연탄불 갈아 넣는 어머니

바람 소리만 들어도
손끝이 얼어붙는 겨울밤

연탄불 갈아 넣는 어머니는
가스 냄새에 된 기침을 하며
남들은 다 기름보일러인데
리모컨만 누르면 방이 쩔쩔 끓는데
언제까지 집게 들고 연탄불 가느냐며
혼자 중얼거리는 말들이 무겁게
가슴으로 내려앉는 밤입니다

연탄재 버리려 골목길 나가는
어머니 둔탁한 발걸음마다
죄송한 마음이 따라나서지만
연탄불로 데워진 온돌방에 누운
등허리는 왜 이렇게 시려만 오는지

석천사

이어온 고된 삶 덜어 달라고
죄 깊은 전생의 업 씻어 달라고
한달음에 석천사 부처님 찾아갔더니
울려 퍼져야 할 목탁소리 없고
바람이 흔적으로 남을 풍경소리 없는
갈대만 무성한 석천사
이름처럼 암벽에 솟는 샘은 여전한데
너무 깊고 험한 곳이라 찾는 사람 없어
부처도 산 중도 다 떠난 걸까
아무리 둘러봐도 먼 산들이 내려와 꿇어앉은 침묵일 뿐
숯 검댕이 다된 가슴이 기댈 부처는 없어
깨진 기왓장 가슴에 묻고 떠난 산 중은 언제
무너진 석천사 다시 일으켜 세워
삶에 굴레 속을 떠돌아온 이들이
세속에 눌러 끼인 답답함을 털어 내며
합장하는 날은 언제쯤 될까.

* 강원도 철원 명성산 계곡에 있는 절터

삼부연 폭포

천 년 전
나그네가 폭포 앞에서
바라보는 물줄기가
저와 같았고

천 년 후
소문에 끌려
낯선 이가 찾아와
바라보는 폭포도
저와 같으니

나와
천 년 전과
천 년 후의
감정이 똑같으니

천 년 전 그가
여기 있는 내가

천 년 후 그가
폭포에서 건져 올린 것은
흐뭇함 하나겠구나

나이테

피멍이 들어 몸서리쳐지는
견딜 수 없는 고통이 있어야

겨울 한복판에서 가진 거 다 빼앗기고
아무 것도 없는 빈털터리로 버려져야

날마다 피눈물 쏟는 채찍 아래
따뜻한 남쪽 햇살을 그리워하다
죽음의 문턱 넘어서는 아득함을
어금니 악물고 참고 이겨내야

하늘과 바람이 전하는 얘기
단단하게 새기지 않을까.

앞집 기름보일러 소리

늦은 겨울밤
앞집 기름보일러 소리 요란할 때
어머니는 연탄불 갈라 넣는 시린 손끝이 요란하다
찬바람 앞에서도 당당하게 돌아가는 보일러 소리는
겨울 한파도 무시하고 느긋하게 멈춤으로 있다
꿈나라로 빠져든 주인댁 등허리가 걱정될 때쯤
우렁차게 돌아가면서 떼거리로 몰려든 한기 찬바람을
연통 끝으로 토해놓는 시커먼 팔뚝질로
허름한 우리 집 마당으로 던져 놓을 때마다
내 뜨끔거리는 가슴은 새벽을 걱정하며
연탄집게 하나로 겨울을 막는
어머니 시린 손끝에 닿는다.

팔자타령

무슨 팔자가 이런지
열일곱에 나이 많고 없는 집에 시집 와
저승길 멀지 않은 칠십 평생 이날까지
몸도 맘도 편한 날 없이 살았소
서방은 세월을 술잔에 담아 마시다
회색 얼굴 벌벌 떨며 세상 떠나고
올망졸망한 새끼들과 배 곯으며 살다 보니
뒤틀리는 창자는 체면도 염치도 다 삼키며
공사판 질통 질 벽돌 짐도 마다치 않고
평생을 품팔이로 살아온 사나운 팔자요.

험한 세월 몸뚱이 부딪히며 살다 보니
문풍지 소리에도 서럽던 가슴은
바윗등보다 거칠게 깎이고 깎여
설움 받는 말마다 욕지거리로 버티며
자식들 다 키워 냈지만
미어지는 가슴 알아주는 놈 하나 없고
병든 몸에 구박하는 자식놈만 있어

세상 헛살아 온 늙은 것만
베갯머리에 쏟는 눈물로
질긴 목숨 탓하는 서러운 팔자요

토해지지 않는 세월

나이 칠십이 넘도록
음식점에 가서 안주시켜
술 마시는 처지는 못돼

품 팔아 움킨 쌈짓돈으로
소주 두 병 사다 서방 앞세운
팔자 드센 것들이 앉아 술판을 벌인다.

이빨 없는 잇몸으로 씹는
두부에 물컹하게 취해져서
객지 사는 자식들 서운한 얘기부터
난봉꾼 영감 때문에 속 끓던 얘기 하면
삼십 년 과부 생활이 너무 억울해

서러운 술잔 끝에 밀려드는 노랫가락이
한스런 날들을 실어 목청껏 토하고
온몸을 취하게 하는 술기운도 토하지만

마셔도 토해낼 수 없는 것은
취한 입김으로 끄집어내도
토해지지 않는 가버린 세월이더이다.

겨울밤

별빛이 굴러 쌓인 마당엔
영혼을 위로한 소주병 맥주병
층층으로 마당 한쪽을 채워 가고
오늘 밤 또 영혼이 갈증의 허기를 채우면

천상의 낯선 별이 어머니 한숨으로 바뀌
이 가슴으로 박히면 형광등 흐린 불빛이
알 수 없는 내 가난의 깊이를 비추며
창문 너머로 시름을 덜어 낼 때

어두운 골짜기에 갇힌 한기가
참아낼 수 없는 떨림을 앞세워
빈 가지 창문 두들기는 소리로
밤새 온돌방 데울 연탄불 갈아 넣는
어머니 손끝에 아리게 남아

컴퓨터와 늙은 호박

업그레이드도
수시로 변하는 인터넷 물결은
감당하지 못해 느려터진 이유로
두들겨 맞다 때리는 것도 지쳤는지
용량 큰 새것에 밀려
골방에서 호박 받침대로 눌려있다

호박을 쳐다볼 때는
무엇을 해먹을까, 행복해 하면서
나를 쳐다보는 얼굴 찡그린 그대들이여
밀려가고 쫓겨 가는 맘
그대들도 곧 알게 될 거네
영원히 젊고 빠르지 않을 테니까.

정

암석을 쪼아 내느라
숱하게 망치에 얻어맞으며
일그러지고 찌그러져도
살점이 찢겨 떨어져도
망치에 얻어맞을 때마다
어금니 악물고 참아내고 이겨내서
찌그러지는 만큼 다가서는 바람은
세상 사람들 어지러운 세상 속을
정 끝으로 담아내는 부처님 미소가
확! 뒤집어 주는 거요.

묶음 셋

내 고향 황해도 봉산군 은파리

호적등본

1886년생 이름도 없이 성만 올라 있는
호적등본에 황해도 봉산군 초화면 은파리
미상 번지에 거주하고 있다는 할머니
가위표 없이 북녘 땅에 계신다는 호적입니다
세월을 이겨낼 수 없는 고령이라
언제 돌아가셨는지 알 수 없는 제사 날짜를
할머니 생일로 정해 십 년 전부터 지냈지만
호적상에 할머니는 북녘 땅에 살아 계십니다.
이제 아버지도 고향 땅 밟지 못한 채 세상 떠나고
살아생전 자식들에게 할머니가 계셨다는 거
시집 안 간 고모가 있다는 거 큰아버지는 피난길에
총 맞아 죽었다는 얘기 수없이 들었어도
이 다음에 통일되어 고향 길 열려도
사진 한 장 없이 어떤 증표 하나 없이
미상 번지 호적등본 하나로 오십 년 세월을 넘어
아버지 없는 고향을 찾아 갈 수 있는지

무엇으로 일가친척 만나고

어쩜 살아 계실지도 모를 할머니를 만나서
아버지의 그리움으로 가슴 찢긴
서러운 세월을 다 얘기할 수 있는지.

철조망 거둬내서 농로 하나 내면

하나로 이어진 철원평야
대마리 한쪽 철조망 거둬내서
트랙터 하나 가는 농로 하나 내면
봄이면 북쪽 땅으로 쟁기질하러 가고
모심을 때 북녘 동포 내려와 모심기하고
모심기 다한 뒷마당은 월정역 앞에서
어깨춤 절로 나는 꽹과리 장구 두들기며
올해도 풍년 되길 하늘 향해 땅의 소리
사람 소리 한목소리로 내봤으면 좋겠네.

철조망 거둬낸 농로 오가며
철원평야 풍년농사 일궈내서
남북으로 일렁이는 황금물결 바라보며
어제는 남쪽 논배미 가을걷이같이 하고
오늘은 북쪽 논배미 가을걷이하다
해거름에 철조망 거둬진 농로 따라
고단한 발걸음으로 집을 향해 와도
쟁기질 가을걷이 같이하는 농사
북녘 동포와 함께 지어 봤으면 좋겠네.

2020년 경원선 철길

애야! 우리가 탄 열차가 경원선이란다
서울에서 원산까지 달리는 철길이란다
지금은 철길 따라 북녘 땅을 갈 수 있지만
원산 함흥 러시아 너머까지 갈 수 있지만

이십 년 전만 해도 남북으로 갈라져서
월정역엔 폭격으로 쓰러진 녹슨 철마와
철원 벌판 누비던 병사들 군홧발 소리와
서로 총부리 겨눈 동토의 휴전선만 있었단다

언 땅이 풀리면서 하나로 이어지기까지는
오십 년 동안 만나지 못한 부모 형제를 위하여
남북이 비무장지대에 새로운 철원을 만들면서
경원선 철길이 열리기 시작한 거란다

그래 우린 원산을 거쳐 평양으로 향하지만
평양을 들렀다 오는 길에 대동강도 구경하고
거기서 황해도 봉산 땅에 친척도 만나러 가서
조상 묘 앞에 세대를 건너뛴 자손 도리 하자구나.

철원역에서

우리 마음뿐인
금강산 가는 철길
원산 함흥 가는 경원선 철길
적막과 허망이 평행선을 이룬 둑길 위에
선로없이 풀잎만 무성하게 뻗어 있어
어쩌다 철새들만 날아와 노닐다가는
금강산 전철에 경원선 열차에 몸을 실어
덜컹덜컹 설렘으로 철원평야 가로질러
역사에 흔적이 된 녹슨 휴전선을 넘어
갈라섰던 오십 년 아픈 세월을 지워가며
안변 통천 금강에 일만일천 봉
바라보며 가슴에 담을 수만 있다면
원산 나진 회령까지 갈 수만 있다면
동해는 춤추며 일어나 반길 것이고
경원선 금강산 전철은 신바람으로
기적소리 울리며 달려갈 수 있어
철원역 무성한 풀은 꽃잎 되지 않을까.

철조망 안에 피운 꽃

바람에 흔들리는구나
곧추세운 꽃대가 가냘퍼도
이름없이 피고 지는 너는
하필이면 철조망 너머더냐
너희는 섬뜩한 가시철조망 속에서
무슨 배짱으로 꽃을 피웠는지
언제부터 거기서 꽃을 피우고 살았는지
팽팽한 긴장 흔들어 놓는 너희 때문에
삭막한 휴전선에 꽃향기 가득하다
그래도 너희는 바람 따라 흘러가서
철조망 너머 꽃을 피우며 북녘 땅으로 옮겨가지만
우린 봄이 와도 바람결에 날려 갈 수 없고
고향 땅에 그리운 마음 전할 수 없어
가슴 속에 그리움만 더듬으며
북녘 땅을 향하지만 철조망 너머 너는
똑같은 비를 맞고 똑같은 햇살 아래 있지만
나는 너희도 철조망 속에 갇혀 있다는
생각은 버릴 수 없구나.

아버지 묘비에 새기고 싶은 말

홀로 떠나온 북녘고향 가슴에 새기며
목멜 때마다 하늘 쳐다보며 흘린 눈물도
손바닥이 터지도록 일해도 놓지 못한 끼니 걱정도
가슴에 묻고 낯선 땅에 묻힌 아버지 묘비에
못난 아들은 막내동생 짝을 지었다는 얘기보다
살아생전 보지 못한 손자가 생겼다는 얘기보다
먼저 새기고 싶은 말은

영원 할 것 같던 분단의 벽이 무너져서
경의선 경원선 철길이 북녘 땅으로 이어져서
신명나는 눈물바람에 너도나도 고향 찾아가서
스물세 살에 잃어버린 고향땅에 할머니 소식
아버지께서 예뻐 하셨다는 고모님 품에 안겨
끊어진 핏줄 이어졌다는 소식을
묘비에 먼저 새기고 싶습니다.

아버지 영전에

그것은 우리 마음 속에 있는 줄 알았는데
만물이 소생하면 반듯이 제자리를 찾아가는
순리를 깨달은 순간!
우리 삶이 하늘에 있음을 알았습니다.

한낮에 햇살이 어둠을 향해 치닫는 몸부림처럼
어둠과 밝음 사계절 돌아가는 몸부림 속에
내일을 짊어 가며 사는 우리는

아버지!
아버지!
겨우내 숨죽였던 풀잎은
조심스레 흙발을 딛고 일어섰는데
당신께선 콧등 같은 문지방 딛질 못해 멀리 가셨습니다
이제 비탈진 밭고랑에 씨앗은 누구와 뿌리며
다랑논 물길은 어찌 잡아냅니까.

마주앉아 소주 먹던 벗들은 주름 사이로 눈물을 감추는데

흙구덩이 감자는 저절로 눈을 떠 서러움이 복받칩니다
겨울에 묻어 둔 김장독은 아직 아버지 입맛을 아는데
주인없는 불평으로 뒤틀린 문틀은 제자리 찾질 못해
노곤한 봄빛으로 산으로 산으로 초록으로 노닐고
산 산 계곡마다 지천으로 깔린 고사리 고비 어린 손길이
봄 내음 가득한 용화동 가마솥 골
낯익은 이름들이 아버지를 부릅니다.

높고 낮은 산 산
발길 따라 굽이굽이 골짜기 물이 넘쳐
앞 강물 휘몰아치는데
고향 떠난 들새 둥지 틀어 하늘 높이 우짖는데
당신께선 너무 멀리 떨어진 까닭에
그리움은 먼 별빛이 되었습니다.

푸른 산 구릉 넘어 산마루에
서툰 길놀이 달구 질 선소리는
척, 척, 발장단 아픈 소리로
시린 핏빛으로 소복한 살풀이가 되어
슬픔에 밑 빠진 가슴으로 들어붓습니다.

꽃피는 봄날 그것 다 못보고 그리운 고향산천 북에 두고

그리운 살붙이 만겁에 아픔 안고
그 숱한 날들 어찌 담아 사람 좋은 얼굴로 가셨습니까.

이제라도 차마 떨치고 고향 떠나온 발길 되돌려
고향 찾아갔나요
꿈에라도 보고 싶던 황해도 봉산군 은파리
듣기만 해도 눈물이 나는 고향
아버지!
아버지!

경원선

가시 넝쿨에 피는
장미송이 꺾어
그대에게 바치면
이 마음 받아 주려나

죽은 이유가 억울해
가시 넝쿨 너머로 떠도는
원혼들을 천도하면
그 마음 돌리려나

폭격에 쓰러진
철원시내 다시 일으켜
옹기종기 사는 모습을
그대에게 보여주어야
이 마음 알아주려나

당신 없으면 영원히 반쪽인데
그대 향한 가슴 속 그리움을

어떻게 보여주어야
당신은 내게 달려오려나.

舍利

가슴 찌르는
철조망 뜯어다 태우면
타고 남은 재 속에
가시 舍利 나올까

고향 잃은
시커먼 가슴 끄집어내
불길 속에 태우면
피눈물이 舍利로 나올까

월정역 녹슨 철마 녹이면
북녘 땅 달리지 못한 세월
토해놓는 기적 소리가
舍利 되어 나올까

불꽃 속에 남은 舍利
석탑 속에 봉안하고
두 손 모은 합장 하면
가슴 속 소원 이루어질까

원산 앞바다 생태

거친 새벽 바다에
얼굴 그을린 함경도 어부는
그물 치는 팔뚝으로 사투리로
손바닥 굳어진 채 사는 줄만 알고
날마다 통통배로 잡은 원산 앞바다 생태를
경원선 새벽 열차에 실어 보낼 수 있다면
신고산 넘어온 원산 앞바다 생태는
철원이다 서울이다 내륙으로 퍼져 나아가
시장 생선 비린내 물씬 풍기는 좌판에서
닷새 장 찾아다니는 장꾼들 난전에서
흥정하는 아낙들 장바구니에 팔려 가면
원산 앞바다 깊고 넓은 향기로
찌개 냄비에서 남쪽 물을 만나
얼큰하게 어우러지며
끓어 넘칠 수 있는데

꿈

동해 가는 열차 타고
터널 속으로 통과하는 것 같았는데
어떻게 휴전선 가시철조망이 보이고
북녘 고향 땅으로 향하고 있었는지

이래도 되는지 가슴 두근거려도
두 손엔 어느새 부모 형제 만나면 전해 줄
선물 꾸러미와 부푼 가슴이 달려갔지만
이상하게 어릴 적 고향은 변한 게 없었어요.

익숙한 눈길로 고향집으로 뛰어가서
사립문을 열고 어머니 목청껏
부르고 싶어도 입이 떨어지지 않아
몸부림치다 주저앉으니 꿈이었어요.

깨어나지나 말지 어머님 얼굴이라도
만나보고 깨어나지 차창 밖으론
동해가 어머니 품처럼 따뜻하게
수평선으로 끝없이 펼쳐져 있었어요.

나이 칠십이 넘어도

내가 가고 싶은 곳은 휴전선 너머 고향 땅이지요
내가 꿈에도 못 잊는 것은 북녘 땅 부모 형제지요
내가 만나고 싶은 것은 살아 계셔야 할 어머니고요
내가 듣고 싶은 것은 어머님이 부르는 목소리에요
내가 먹고 싶은 것은 어머님이 끓인 된장국이고요
내가 불러 보고 싶은 건 어머니 어머니입니다

내 고향 황해도 봉산군 은파리

꽃다운 스물세 살 1.4 후퇴 때
눈물짓는 어머니 손목을 놓고
도망쳐 온 내 고향입니다

이젠 고향 기억도
부모 형제 얼굴도 희미해져서
고향 이름마저 잊힐까 봐
그 이름 부르다 가슴이 해진
내 고향 황해도 봉산군 은파리

두고 온 고향 산천이야 그대로 있겠지만
어머니, 어머니는 살아 계신지
마흔 넘어 얻은 늦둥이라 더 각별했던
이 못난 자식을 지금도 기다리고 계신지
살아 계시면 올해 백 하고도 열넷인데
세월을 이기지 못한 나이라 더 가슴이 멘 어머니

생사조차 모르는 채 살아온 오십 년 동안

아들은 남쪽에서 어머니는 북쪽에서
핏물 같은 그리움만 토하다가
황천길 멀지 않은 칠십 넘은 나이인데

얼마큼을 더 그리워해야 하고
얼마큼의 세월을 더 더듬어 가야
발목을 묶는 휴전선을 넘어 내 고향
황해도 봉산군 은파리에 닿을 수 있는 건지.

빨래

허리 굽고
저승 버섯 돋은 얼굴인데
이북 고향 생각은
포 소리 총소리에 쫓겨 온 지
반세기가 넘어도
지워지지 않아요.

나이 먹을수록 기억 저편으로
사라진 것들은 많아도
고향 생각은 지워지지 않아요

개천에 있는 돌멩이 하나
풀 하나까지 그리운 고향
죽는 날까지 갈 수 없다면

가슴 후비는
고향 생각 끄집어내
한탄강 물줄기에 빨아내고

빨랫방망이로 두들겨
기억의 때 하얗게 빼고 싶어요.

평양 하늘은 아직 무사한가

동토의 서슬 퍼런 칼날도 녹인
봄볕이 들꽃을 화려하게 피워도
철조망이 가로지른 휴전선은 변함없고
어쩌다 들려오는 고향소식마다
북녘 하늘 아래 배곯는 소리 들여와
때마다 밥술 뜨기가 무거운데도
평양 하늘은 아직 무사한가.

에티오피아보다 더 처참한
지옥으로 몰아넣고도
지상낙원이라는 반쪽의 땅에선
굶주림에 발목 묶인 영혼들이
배곯아 세상 떠난 원혼들이
산비탈 진달래꽃잎으로 피어나는데도
평양 하늘은 아직 무사한가.

묶음 넷

한탄강이여 전해주오

한탄강이여 전해주오

한탄강이여
한바탕 꿈이라도 좋으니
흘러가서 전해주오
북녘 하늘에 알 수 없는 무지개 뜨고
푸르게 눈부신 하늘이 열려
꽹과리 장구 두들기는 장단에
반도의 녹슨 철조망은 걷어지고
경원선 철로는 원산으로 이어져
월정에서 쓰러져 누운 철마 벌떡 일어나
철원평야 달려가고 있다고
목이 메어 기적소리 높이 울리며
넘치는 기쁨이 강물로 흘러가고 있다고
북녘 동포 웃음도 함께 와서
두 고온 부모 형제 얼싸안고 있다고
임진강 거쳐 서해로 가서 대동강에 전해주오
하나 되는 날 너무 오래 기다렸다고

더 기다릴 시간이 없는데

이념의 뒷발에 차여
북녘고향 떠나 사는 우리는
이제 머리 허연 늙은이요
부모 형제 남겨 두고 고향 떠나온지
오십 년 넘은 늙은이란 말이요
허리 굽고 다리 힘없어 두고 온 고향 되새기며
자식들한테 고향 피붙이 얘기한들 무얼 하겠소
고향에 가고 싶은 심정 얼마나 알겠느냐 말이요
이 다음에 내가 죽어 없을 때 그것들이
아비 고향이라고 찾아가서 일가친척 만난들
내가 살아 있을 때 만나는 것만 하겠소
내 간절한 피 끌림만 하겠느냐 말이요
죽기 전에 자식들 데리고 고향 가서
일가친척 만나 한 핏줄로 이어 주고
조상 묘도 일러줘야 하는데
늙은 몸이 기다리는 세월은

궁예 도성

고암산 기대고 바라보는
이놈에 세상 속에선
힘없는 반 토막으론
살아남는 버팀이 힘들어

만주벌판 품어 안고
호령하는 시절로 돌려놓으려고
어둠 속에서 꿈틀거리는
광개토대왕의 뜨거운 함성
고구려의 말발굽 소리
벽화 속에서 끄집어내
잃어버린 땅 찾으러 가자

녹슨 철조망, 끊어진 핏줄
쓰러진 철마의 침묵은
고구려 벽화 속에 밀어넣고
쪽 바리 땅은 좌청룡으로
떼 놈 땅은 우백호로 삼아

히말라야 높은 봉우리마다
용천 검으로 깎아 휘두르면

아메리카 로키산맥은
발끝으로 비벼도
지워버릴 수 있을 게야.

* 고암산-궁예가 주산으로 삼은 산.

이제 고향 길 열린다고 하던가

전쟁 통에 사람 목숨 죽어가니
젖 먹이는 업고 아들은 걸리며
고향 두고 피난 길 떠나왔소.

무작정 사람 따라나서는 피난길에
서방은 이유 없이 총 맞아 죽고
걸린 아들마저 낯선 땅에서 병으로 잃어
젖먹이 하나 데리고 이때껏 살았소.

청상의 몸으로 사는 세상은 어찌나 맵던지
먹고 사는 일이라면 닥치는 대로 하면서
고향 가는 날만 기다리며 살다 보니
무심한 세월은 젖 먹이 딸자식 짝을 지어주고
남은 것은 거침없는 이북 고향 사투리에
나이 먹을수록 생각나는 고향밖에 없습디다.

그놈의 전쟁은 서방 자식은 가지고 가면서
이 가슴에 서러움은 가지고 가질 못했는지

가슴에 묻고 살아온 고향 땅 피붙이 때문에
힘겨운 오십 년 세월을 버터냈는지 몰라도
오십 년 버틴 세월 속에 들려온다는 소문은
이제 휴전선 너머 고향 길 열린다고 하던데

뿌리

할아버지는 아버지 열 살 전에 돌아가셔
아버지는 누구의 몇 대 자손인지 모르고
난리통에 할머니 홀로 두고 피난길 떠나와
남쪽에서 생겨난 우리는 떠돌이 趙씨였어요.

할아버지 윗대부터 독자로 내려오다
할아버지 대에서도 낳는 자식마다 죽어
답답함을 어느 스님한테 털어놓으니
고향 떠야 자손이 있다 하여
황해도 평산에서 봉산으로 와서야
할아버지 늦은 나이에 자식들이 생겼지만
아버지 열 살 전에 할아버지는 돌아가셔
아버지는 뿌리 모르는 趙씨였습니다.

나이 먹을수록 알 수 없는 뿌리 때문에
북녘 땅에 일가친척들과
똑같이 내 몸에서 흐르는 피가
철조망 때문에 멈춰진 것 같아

한양 趙씨 족보를 살폈더니
거기에 할아버지 성함이
충무공파 22대손으로 있었습니다.

나의 뿌리가
북녘 땅에만 있는 줄 알았는데
족보 속 뿌리는 남과 북을
하나로 이어놓고 있었습니다

철조망 울타리

얘야! 너희가 다니는 학교가 폐교됐었구나
학생 수 적은 산골 학교라고 버림받았구나
너희가 뛰어놀던 학교마당은 그대로 있는데
너희가 공부하던 아담한 교실도 그냥 있는데
무슨 돈 많은 회사 연수원인지 뭔가를 한다면서
너희가 가꾼 나무에 못질하며 철조망 치는구나
찔리지 않아도 아픈 가시가 무엇인 줄 알면서
원치 않았는데, 생긴 철조망이 무엇인 줄 알면서
이 땅 허리 끊어놓고 가슴 찢어놓는 철조망 치는구나.

장구

포탄 잘라
장구통을 만들어
분단의 질긴 쇠가죽을 대서
이산의 북채로 두들겨 보자

궁편 채편 내는 소리 틀려도
서로 어우러지게
깊은 소리로 두들기면

저절로 신명나는 가락 속으로
어깨춤 흔들며 빠져들어
하나로 어우러질 수 있는데

아무리 두들겨도
가슴 후련하게 두들기고 싶어도
분단의 질긴 쇠가죽에선
아무 소리도 들리지 않아요,

오십 년 전에 떠난 내 아들아

비행기 폭격에 어미 앞에서
열일곱 살에 목이 날아가 죽은 거
머리는 어디로 갔는지 찾지 못한 채
양지쪽에 묻고 눈물로 피난길 떠났지만

열일곱에 내 아들은 어미 가슴에 묻혀
비행기 소리만 들어도 사색이 되는
총소리만 들어도 오장육부가 떨리는
어미와 함께 평생을 살아왔단다.

전쟁 끝나 돌아온 고향집은
너를 묻고 떠난 무덤만 뒷산에 있어
무덤가에 돋는 잡풀 뽑으며 살아온
반백 년이 악몽이었는지 모르겠구나.

팔순 넘은 어미도 황천길 멀지 않아
어미 죽으면 네 무덤 찾아 줄 사람 없고
피지 못한 넋 기억하는 사람 없어도
스치는 바람이 어미로 알았으면 좋겠구나.

地圖

아이들에게
우리나라 지도를
그려보라고 했더니

나름대로 그려놓고
자신들이 사는
땅쯤에 점하나 찍은 다음

동해에서 서해까지 갈 수 없는
북녘 땅이라고 지도의 허리를
휴전선으로 잘라 놨어요

언제부터 아이들에게
반도의 허리가 불구의
모습으로 그려지고 있었는지

아이들 무의식 속에서도
철조망이 쳐진
갈라진 땅

금학산

늙어 가는 이 몸이 슬퍼
북녘 하늘 아래 있는 고암산을 향해
술 한 잔 하자고 소리쳤지요.

앙상함만 있는 철원시내 사이에 두고
산명호에 술잔을 띄워 건네주면
싫지 않은 고암산은 단숨에 잔을 비워
북향 가득 담아주는 술잔에
내가 먼저 취해 속 얘기 풀어 봤지요.

언제까지 부끄러운 반 토막이냐
언제까지 피 끌림을 막아야 하느냐
하루하루가 애타는 기다림인데
저놈의 철조망은 변함없고
하늘은 왜 이렇게 푸르기만 한지요.

고암산 너도 싫다고 해도 대꾸없어
이다음엔 고대산 울음산도 불러

철조망 썩썩 발끝으로 밀어내고 앉아
한 잔 하자는 말만 남기고
취한 얼굴 하늘에 비비며
그리움 뚝뚝 흘렸어요.

* 산명호-철원평야에 있는 저수지

그럴 수는 없을까

전날 밤은 별이 총총했습니다
너무 맑아 겨울을 물고 늘어지며
두 뺨 돌려내던 찬바람도 지쳐
장작 지핀 굴뚝에 졸고 있었습니다.

그런데 언제 하늘이 내려앉아
깊어진 어둠이 별빛 감추면서
온 세상 흰 눈으로 하얗게 만들었는지
빛나는 미소가 너무 어여쁜 아침입니다

잎 다 떨군 나무 어깨 위에서도
바람결에 어둠이 물러선 들녘에서도
삶이 지친 슬픈 응어리도 하얗게
지붕 위에서 빛나고 있었습니다.

하얀 세상 가슴에 담아서
끝없이 하나 된 세상 가슴에 담아서
휴전선 철조망이 하얗게 무너질 그날도

밤새 내린 하얀 눈처럼 소리없이
우리 곁에 와 줄 수는 없는 것인지

가시 넝쿨

가시 넝쿨이
피눈물을 빨아먹고
반도의 허리 덮었구나.

침묵의 거름 발로
질기게 뻗어
팽팽한 긴장 키워놨구나.

피눈물을 빨아
제초제에도 죽지 않고
가슴 후비는
독기만 있구나.

총소리 포 소리에
생기 도는 가시넝쿨
올겨울 폭삭 주저앉는
오십 년 살이 잡초였으면 좋겠구나.

아버지 고향 그려낼 수 없네요

외로움을 딛고 사시면서
돌아갈 북녘 고향 손꼽은 오십 년이
골 깊은 주름살만 남겨 놨어도
아버지 고향은 그려낼 수 없네요

가슴에 붓는 술잔마다 고향 얘기
털어놓던 아버지의 가슴앓이가
내 가슴 속으로 쓰리게 밀려와도
아버지 고향은 그려낼 수 없네요

북녘 땅에 그리운 피붙이가 있어도
조상 대대로 살아온 터전이 있어도
철조망으로 가로막힌 휴전선 너머
아버지 고향은 그려낼 수 없네요

부모 형제 북녘 땅에 두고
홀로 떠나온 그리운 고향
가슴에 묻고 세상 떠나셨어도
아버지 고향은 그려낼 수 없네요

쇠말뚝

땅에 박혀서
네가 키워 낸 게
철조망뿐이더냐

녹물 밴 땅을 딛고
진달래 개나리꽃
온산을 물들어 가도
한번 피워 낸 철조망 가시를
반세기를 넘게 붙들고
침묵에 향기만 온산을
물들이고 있느냐

반도의 허리 철조망 가시로
휘감은 너는 오십 년을
우리 숨통을 조여 왔으니

반 토막으로 갈라진 땅
너 때문에 끊어진 핏줄

우리는 얼마나 더
참고 기다려야 하느냐

묶음 다섯

산판에서

산판에서

추운 새벽을 태우는
장작 불가에 둘러서서
토해지는 허연 입김으로
전날 마신 술 얘기를 하고
마누라 궁둥이 두들긴 얘기를 하며
언 몸 뒤집어 녹이다 보면
한 움큼씩 장작들을 모아들고
하나 둘 산판 인부들이 모여든다
권하는 해장술로 김씨, 이씨로 인사 하고
발끝으로 툭툭 알불을 모아 오징어 다리 구워가며
언제까지 일 할 수 있는지 겨울을 걱정하며
몇 푼 안 되는 품삯이라도 이 겨울을 넘기면
봄날은 무엇이 기다려 줄 것만 같아서
장작 불가엔 봄 얘기가 무르익는데
어느새 작업 알리는 감독관 호루라기 소리에
씹팔을 찾으며 산꼭대기로 몰리는 우리는
어디까지 쫓겨 가야 하는 건지

강물

세상 휘감고
우리 가슴을 휘감고
세상 번뇌 걷어내는 강물이 되어
뒤집을수록 커지는 강물이 되어
침묵일수록 깊어지는 강물이 되어
여유 있게 흐르는 물줄기도
처음엔 아무것도 없는
끝없는 어둠 속에서
절망을 씹으며
가슴 속에 품은 빛깔을
하나씩 내려놓고
거친 암반 뚫는 게
강물의 시작이었습니다.

겨울나무

잎 다 떨군 바람이
가슴 속 꿈마저 내 놓으라고
멱살을 잡는다고 내줄 줄 아느냐

언 뿌리 끝이 아리게 아파지고
가지마다 얼음조각이 박힌다고
꽃 피우는 일 못할 줄 아느냐

멱살을 놓지않는 바람 앞에
한 쪽 가지 끝을 내 줄 수 있어도
가슴 속 꿈을 내줄 줄 아느냐

칼끝 바람이 언 가슴 후벼 파며
빈 가지 다 찍어 내린다 해도
가슴 속 꿈을 버릴 줄 아느냐

그날을 위하여

쉽지는 않을 걸세
우리가 기다리는 그날은
가진 거 아무것도 없다 해도
들풀처럼 질긴 삶에 애착이
이미 대지에 깊게 뿌리박았으니
세상 파랗게 보는 눈길로
손발 부지런히 움직이면
내린 뿌리는 노력의 자양분을 받아
푸른 물결 이룰 것이고
이룰 꿈도 꽃잎으로 만발할 것이니
그날을 위하여
멈추지 말고 뛰어라
그대여

한숨

노가다로 꺼진 배
기름지게 채우진 못해도
김치에 풋고추 씹는 맛으로
땅바닥에 퍼질러 앉아 점심을 먹는다
반주 삼아 돌아가는 술잔에 웃음꽃이
그나마 우리를 사람답게 하지만
막연한 세상살이 앞에 저절로 나오는
내 한숨 알아주는 세상은 아닐 테고
흥건한 땀내가 사람 냄새라는 자위 속에
고생 끝에 돌아오는 무엇이 있어야 하는데
어떻게 된 놈의 세상은 고생하는 놈은
아무리 노력해도 손해 보고 뒤틀리기만 하니
몸뚱이로 벌어 먹고사는 것이 떳떳하기보다
부끄럽게 느껴지는 세상이니 눈먼 돈 쉽게
억- 억 하고 처먹는 것들은 어떤 느낌인지

겨울밤 · 2

지상에 언어는
마비되었는가.

얼음 빛 하늘은 짓눌린
침묵의 아우성으로
찬란한 별빛 토해 놓는데
세상은 아무 미동도 없구나.

가로등 더 촉광을 높이지 않고
버들가지 가녀린 손끝엔 세상을 잃어버린
상주의 지팡이처럼 서러움만 있구나.

이 겨울 얼음 빛으로 감싸 쥔 이 겨울은
부끄럼도 없이 아랫도리 다 내놓은
악다구니로 극을 치닫고 있는데

언제 새날은 봄빛을 업고
이 자리에 서 있을 거냐.

삼부연 폭포에서

모질지 못해
고된 나날이
내게 오는가.

쉽지 않은 삶 어디쯤에선
웃는 날 있을 거라는 다짐은
소태 같은 웃음으로 날려버리고
어쩌지 못하는 가슴에
소주병 부었소.

세상 오물 뒤집어쓴 몸은
된 술에도 취하지 않아
후련한 소리라도 듣고 싶어
폭포 앞에 섰습니다.

몸에 밴 막막함을
저 물줄기에 씻어내고 싶은데
질긴 그놈을 떨치려 할수록

더 크게 덮치는 그놈을
영원히 떨쳐 버리려고
폭포 줄기가 시작되는 벼랑 끝에 서서
내려다보는 세상은 참으로 틀립디다.

벼랑 끝으로 떨어지는 물줄기는
더 낮은 곳으로 향하면서도
속 다 내주는 빛으로
높은 골짜기 열어 가고
지축을 흔드는 울림이 있습디다.

봄바람

이유 없이 서 있는 것들을
멱살을 움켜쥐고 바닥에 패대기치면서
집채도 삼킬 듯이 덤벼드는 이 바람은
무슨 비위 뒤틀려 떼거리로 몰려와서
성난 울부짖음으로 움키기만 하면
낡은 기왓장 담벼락은 무사하지 못하고
날아가고 쓰러지고 박살이 나는 아수라장
이것이 새봄 새싹을 위한 자리걷이라면
낡은 것 다 몰아가는 푸닥거리라면
그래! 어서 불거라 어서 불거라

빈 가지 · 2

더는 내 줄 것이 없는데도
삭풍에 긴 머리 잡혀
아득한 현기증으로 처박히는
겨울 벌판에 잎 다 떨군 나무하나
그 가늘고 뻣뻣한 가지 끝으로
저무는 두어 뼘 남은 햇살을 붙들고
봄으로 가는 길목을 묻고 싶어도
끊임없이 숨통을 움켜쥐는 바람결이
전생에 업까지 떠넘기는 이 무거운 굴레
악착같이 이 굴레 속을 벗어나려고
헐벗은 몸부림이 크면 클수록
아득히 묻히는 겨울 한복판
얼어붙은 산천이야 바람 끝 봄볕이 녹인다지만
절인 가슴으로 새겨진 앙상한 부끄럼은
봄이 온다고 꽃이 핀다고 잊혀질 수 있을까.

철원평야

- 금학산

이앙기로 모를 내도
빈자리 뜬 자리가 많아
논바닥에 허리 숙이며
손끝이 문드러지게 뜬모 하다
뻐근하게 아파지는 허리 펴보면
아득하게 펼쳐진 평야 끝으로
어김없이 보이는 금학산
어버이같이 우리 삶에 버팀목인 금학산이
오늘따라 무심하게 보이는 것은
사계절 철원 평야 일궈 내느라
금학산 그늘 벗어날 수 없는 철원 사람이면
논물 보러가는 첫 새벽부터 보는 산인데
오늘같이 힘들 때는 늘 옆에 사는 이웃같이
여보게 끝나려면 아직 멀었느냐며 팔 걷어붙이고
논배미로 저벅저벅 걸어 들어와
고된 일손 덜어주지 않으면서
어느 새 하루해를 금학산 꼭대기에 올려놓고
노을빛으로 지우고 있기 때문이지요.

농심

농사꾼 자식으로 태어났기에
기댈 곳 없는 놈은 땅이나 파야 하나
낫자루 괭이자루 쥔 손바닥이 터져도
가슴 속에 논두렁 같은 분노가 꿈틀거려도
만만한 게 힘없는 농사꾼이라고
흙 파먹고 살아온 놈은 땅이나 파야 하나
자갈밭 돌멩이는 골라 밭둑에 쌓지만
정떨어진 땅덩어리는 어디 가서 찾고
가슴 속에 박힌 돌덩이는 언제 골라내
세상으로부터 채인 농사꾼 가슴에
묵은 감정들이 털어지고 녹아내려
쟁기질하고 씨 뿌리는 일 즐겁고
콩밭 매는 손놀림이 바쁜 여름 땡볕 속에서
가을 풍년은 벌써 가슴 속에 와 있는
그런 날은 언제쯤 될 수 있을까.

농심

- 서울 새댁

얼굴 그을리는 농사가 싫어
농사꾼이 싫어 보따리 쌌단다
호미 들고 밭고랑 논배미 나가
땀 줄기 흠뻑 젖어 내리는
김매기 풀 뽑는 농사가 싫어
시집 온지 삼 년 만에 서방 두고 갔단다,

씨 뿌려 가꾸면 가꾼대로 나오는
고것들 밭고랑 논배미에 팽개치고
새빨갛게 타오르는 고추 밭고랑에
호미자루 낫자루 다 내 던지고
뾰족구두 딱딱거리는 도회지로 갔단다.

풀 한 포기 없는 서울이 뭐가 좋아
콧구멍 시커멓게 타는 서울이 뭐가 좋아
땅만 일구는 착한 서방 어쩌려고
짧은 치마 나풀거리는 서울로
밤 보따리 들고 독하게 갔더냐.

농심
-벼 이삭

논배미에서
어린 모가 푸르러지는 동안
세상은 그 모습을 기억하는 줄 아느냐

한 톨 쌀알이 될 때까지
가슴 졸이며 보듬어온 농심도
기억하는 줄 아느냐

논배미마다 노랗게 익은 벼 이삭들이
황금물결로 출렁일 때서야
오곡백과 천고마비가 어떻고
올해도 풍년이라며 떠들썩하지만

그래도 벼 이삭의 고마움과
농부의 터진 손바닥은
기억하는 줄 아느냐.

농사가 삽질 낫질로 되던가

여름 땡볕 온몸으로 받아 내면서
논배미 밭고랑에 매달린 고달픔은
막걸릿잔에 덜어 가며 살아도
따져 보는 손익 계산 앞에 터지는 한숨은
무엇으로 채우고 덜어야 하는지
새까맣게 탄 가슴 속 들어붓는 술기운에
농사꾼 쥐어짜는 세상 욕지거리나 하면서
자리 높은 놈들 아랫도리 걷어차 주저앉혀 볼까
이 놈에 세상은 겉모습 허름한 농사꾼이라고
땅에 묻었다 찾는 농사꾼 돈은 만만하게 보는지
책상머리 앉아 지들 맘대로 정해진 수맷값으로
대출 원금은 그만두더라도 이자 갚기도 빠듯하니
농사가 부지런한 삽질 낫질로 될 일인가.

논두렁

그래 네가 있어
논배미도 있고
모심기 벼 베기도 있고
우리가 있고 이 나라가 있어
산천이 있질 않느냐

그래 네가 있으므로
땅일 구는 농심도 있고
강줄기 틀어막아
논배미마다 틀어대며
풍년 농사 바라질 않느냐

그래 네가 있으므로
바짓가랑이 걷어붙이고
꿈틀거리는 논두렁 따라
논배미 둘러보는 농심이
노란 벼 이삭 그려보질 않느냐

농심 · 2

애태웠던
봄 가뭄도

쇳덩어리도
녹여 내리는
여름 땡볕도

폭우에 터진
논두렁도

마지막 피살이
하는 손끝으로
다 이겨내고

노랗게 익은
벼이삭 앞에
섰습니다

물어뜯긴 낱말

시계 초침소리가
어둠을 끄는 책상 앞에서

모든 잡념 털어 버리고
낯선 단어 끄집어내
시 한 편 쓰려는데

낯선 발자국 쫓던
저놈에 개들이 낯선 단어라고
사정없이 물어뜯으며
머릿 속에서 쫓아내는구나.

생각의 끝자락을
붙들고 허공으로
쫓겨 간 단어를 찾지만

머릿속 백지 위에는
한자도 떠오르지 않아

대보름 윷놀이

네 조각 윷가락
정성으로 감싸들고
간절한 소망 그려 던지면

손끝을 떠나 허공을 가르며
대지의 숨통을 여는
윷가락의 결과에 따라
윷이다 모다 더덩실 어깨춤
환호성 이어지고

마음대로 되지 않을 땐
발바닥 구르는 액땜
아쉬움에 술 한 잔 들이켜면
산천은 쩌렁 가슴을 열고
대지는 벌떡 솟구쳐 일어나
윷가락이 하늘로 사라진다 해도
얼씨구 지화자 좋구나.

말판을 어찌 논들 상관있으랴
이긴들 진들 욕심 있으랴
달리는 윷들 이 강산 봄 소식을
백두산 상상봉 달려갈 기분에
우리 마음 꽃같이 아름답구나.

울음성터에서 장검을 주우며

울음산 자락마다
진달래 핏물 번지더니
울음성 성벽 이끼들이
한 맺힌 궁예군사들
서슬 퍼런 눈빛으로 살아
쇠둘레 벌말 달리던
옛 영화를 그리워하고 있지
비록 적병에 쫓겨 사라진 영혼들이지만
하늘가에 울려 퍼지던 그때의 함성은
갈대 아우성으로 들려오고
울음성 저 산등성이에선
어느 장수의 버려진 장검이
겹겹의 비바람 맞으며
천년의 한으로 녹슬어 왔어도
그 칼끝에선 지금도 시퍼런 광채가
밀려오는 적병을 향해

베고 또 베지 못한

한이 골짜기마다
맑은 뇌수의 핏물
흘리고 있지.

그럴까

미워할수록
거칠어지는 건
가슴이더이다.

빈 가슴이라고
채우려 할수록
괴로워지는 건
가슴이더이다.

힘들어 흘리는 눈물도
괴로워 보내는 미움도
다 내가 빚어내는 것

미워하지 말고
갖지도 채우지 않으면
이 무거움 없을까

겨울들녘

눈에 보이지
냉랭함으로 돌아앉은 들녘이
어딘가 있을 소망은 뻐꾹새 그리워 떠나고
짧은 하루는 논두렁 작은 언덕에 앉아
땅거미 얕은 빛깔로 마무리할 때
참숯 빛깔로 이글거리는 노을은 난리를 치지
이 노을 한바탕 훑고 나면 내일은 따뜻할까
남의 집 처마 밑에 삐죽한 불빛들이
은하수 건너는 꿈을 꾸면 저 들녘에 철새는 찾아올까
객지 떠난 누이가 그리워지는 이 계절에
지붕 낮은 토담 방에 군불을 지펴
막연히 누군가 그리워하면 철새는 찾아올까
앙상한 몰골로 드러누운 저 들녘은
다 빼앗긴 허망에 분노로
다시는 봄이 올 것 같지 않아

살구꽃

물려받은 땅은 없어도
몸뚱이 부지런하면 산다고
버려진 비탈밭 일구거나
남의 땅 얻어 피땀 흘려
돈벌이 된다는 농사일 다 해봐도
한 푼이라도 더 벌겠다는 게 욕심인지
느는 것은 주름살에 빌린 이자뿐이니
원금으로 돌려 맨 이자 돈 무서워
보증선 옆집 아재 눈빛 무서워
빚더미에 눌린 목숨 끊으려고 해도
모진 게 산목숨이라고 죽지 못해
식솔들과 밤 보따리 들고 떠나왔어도
시름 더는 술잔에 떠오르는 고향은
지금쯤 살구꽃 피는 봄은 오고 있는지.

목탁

두들겨 맞는
빈속으로
토해내는 소리가
천수경 법화경 끄집어내서
세상 번뇌 걷어내며
맑은소리 깊어지는데

세상 흔드는 몽둥이에 쓰러져
일어서지 못한 나는
살아도 빈손뿐이라
가슴 속에서 끄집어내
토해놓는 소리는
욕지거리에 팔뚝질뿐이니

흔들림 없는 깊은 소리로
세상 품어 내는 향기 지니려면
시린 가슴에 아픔이
몇 겹은 더 있어야 하나

골프장에서
- 상처

그대들의
세칸 샷이
홀 컵 가까이
온 그린 하면
환호성에 난리지만

수 없이 얻어맞는
볼 자국은 깊은 상처로 남아
아물게 하는 몸부림이
새파랗게 지쳐
누렇게 떠있는 곰보투성이다

즐거움에 짓는 미소가
몽둥이가 되고 돌팔매가 되어
보이지 않는 곳에서 상처로 껴안고
신음하고 있다는 것을
미소 짓는 얼굴은 모를 거다

즐거움에 짓는 내 미소도
몽둥이가 되고 돌팔매가 되어
다른 사람들의 기쁨을 훔친
아픈 상처는 아닌지

골프장에서

- 그거 별거 아니더라

머릿 속엔
오직 적은 타수로
홀 컵에 공 집어넣기라면
그대들도 별거 아니다.

첫 홀 티샷 하는 마음이
휴전선 너머로
푸른 장타를 날린다면
그대들이 간절히 바라는
이글에 홀인원도
별거 아니다.

골프채 휘둘러 닿는 곳이
가시철조망 너머
통일의 홀 컵이면 몰라도
골프채 휘두르는 그거
돈맛에 길든 그거
괭이자루만도 못한
그거 별거 아니더라.

| 발문 |

혼신으로 쏟아내는 肉聲은 신선한 충격

정 춘 근 | 시인

| 작품해설 |

최전방 마을에서 실향민의 아들로 살아가기

- 조광태의 시 세계

이 주 섭 | 뉴시스 기자

| 발문 |

혼신으로 쏟아내는 肉聲은 신선한 충격

정춘근 | 시인

우리 문학은 너무 쉽게 변절을 했다. 1970년대 태동했던 현장 문학이 문단에서 자취를 감춘 자리에 국적 불명의 詩들이 행세를 하고 있다. 노동자들과 농민들은 과거보다 더 절망적인 현장에서 피눈물을 흘리고 있는데 문학은 그들을 방관하고 있다. 분단의 나이테는 점점 늘어가지만 이것을 극복하자는 목소리는 공허하게 문단을 맴돈다.

화려한 이미지와 복잡한 말장난이 詩力으로 착각되는 사이비들이 판치는 문학판에서 땀 냄새 물씬 나는 조광태 시인의 글은 소중하기만 하다. 평생 노동의 현장에 땀을 흘리며 쓴 진솔함은 언제나 잡스러운 기교보다 위에 있다. 가난하고 못난 사람들과 몸을 부딪치면서 가슴으로 쓴 조광태 시인의 글에서는 깊이를 알 수 없는 슬픔이 가슴을 치게 만드는 힘이 있다. 무의미한 말장난으로 채워진 시집이 난무하는 詩壇에서 조광태 시인이 혼신으로 쏟아내는 肉聲은 신선한 충격이 될 것이다.

한때 힘없는 사람들 아픔을 노래해 문학적 성공을 이뤘던 사람들이 훼절해 상업주의 장단에 꼭두각시 춤을 추고, 몰약 같은 대중 인기에 중독돼 문학적 初心을 버리는 시대에 시작의 마음을 잊지 않고 항상 땀 냄새 나는 詩(시)를 쓸 것을 기대한다.

2007. 12.

| 작품해설 |

최전방 마을에서 실향민의 아들로 살아가기
- 조광태의 시 세계

이 주 섭 | 뉴시스 기자

철원의 하늘은 언제나 공감각적인 이미지로 우리를 짓누르고 있었다. 휴전선이 코앞에 그어져 있는 최전방의 파란 하늘에서는 뇌성 같은 대포 소리와 헬기 날아가는 소리, 대남방송이 시도 때도 없이 들려오곤 했다.

삐라가 눈처럼 내리는 날도 있었고, 눈이 삐라처럼 내리는 날도 있었다. 갈 수 있는 길보다 갈 수 없는 길이 더 많은 금기와 통제가 거미줄처럼 엉켜있는 땅에서 조광태 시인과 나는 자랐다. 그럼에도 불고하고 철원은 중부지방에서는 보기 드문 평야지대라 수복 후에 전국 각처에서 이주민들이 몰려들어 한때 나마 활기를 띄기도 했다.

이주민 가운데는 북녘에 고향을 둔 실향민들이 유독 많았는데 이는 통일이 되면 빨리 고향에 가려고 고향땅

과 가장 가까운 곳에 터를 잡으려는 생각에서다. 조광태 시인의 아버지도 실향민이다. 맨주먹뿐이었던 그들이 낯선 타향에서 정착하기 위해서는 궂은 일, 잡일 가릴 처지가 못돼 생활이라기보다는 생존에 가까운 삶이었다. 그런 육체적 고통뿐만 아니라 그들은 북에 두고 온 부모형제와 고향에 대한 그리움이라는 정신적 고통도 함께 지닌 채 살아야 했다. 시인의 아버지도 그런 실향민의 한사람으로 살다가 철원에서 생을 마감했다.

꽃다운 스물세 살 1.4 후퇴 때
눈물짓는 어머니 손목을 놓고
도망쳐 온 내 고향입니다

이젠 고향 기억도
부모 형제 얼굴도 희미해져서
고향 이름마저 잊힐까 봐
그 이름 부르다 가슴이 해진
내 고향 황해도 봉산군 은파리

두고 온 고향 산천이야 그대로 있겠지만
어머니. 어머니는 살아 계신지
마흔 넘어 얻은 늦둥이라 더 각별했던
이 못난 자식을 지금도 기다리고 계신지
살아 계시면 올해 백 하고도 열넷인데
세월을 이기지 못한 나이라 더 가슴이 멘 어머니

생사조차 모르는 채 살아온 오십 년 동안

아들은 남쪽에서 어머니는 북쪽에서
핏물 같은 그리움만 토하다가
황천길 멀지 않은 칠십 넘은 나이인데

얼마큼을 더 그리워해야 하고
얼마큼의 세월을 더 더듬어 가야
발목을 묶는 휴전선을 넘어 내 고향
황해도 봉산군 은파리에 닿을 수 있는 건지.

-「내 고향 황해도 봉산군 은파리」 전문

최전방 접경지역에서 막일로 연명하는 고단한 삶과 실향에 대한 고통을 아버지는 술로 달래며 살았다. 그런 아버지는 "눈뜨기 무섭게/욕바가지 안겨 주면서/싫은 일만 시키셨는지/따뜻한 정 한번 느껴보지 못하"는 존재였고 "아버지 손매에서 멀어지려고/어린 나이에 집 떠나 객지로 돌며 커도/가슴속엔 아버지 원하는 일은 하지 않으리라/아버지와 함께 살지 않으리란 다짐"「아버지」을 했었다고 시인은 고백한다.

하지만 시인 역시 가난의 대물림으로 도시의 하층민보다 못한 찬 바람 부는 고지로 내몰린 삶으로 전락한다. 그런 삶은 "암석을 쪼아 내느라/숱하게 망치에 얻어맞"고「정」, "강자의 매서운 눈빛에/일거수일투족 감시당하면서"「조는 비둘기」 견뎌내는 삶이었다.

또한 "가볍게 보는 바람에 멱살을 잡혀/허공으로 끌어갔다 떨어지는 반복 속에/온몸이 갈기갈기 찢겨 피멍이 들어도"「비닐봉지」 감수할 수밖에 없는 일회용품 같은 삶이기도 했다. 이런 참을 수 없는 존재의 가벼움 속에서도 시인은 문학을 위안으로 삼아 막노동 현장의 애환을 시편에 담아내 자신의 무거움을 쌓아가고 있다.

그가 쓴 시들에는 마치 목탄화를 보는 듯한 노동판 풍경과 함께 막일의 고단함에 지친 동료 인부들의 애달픈 현실이 오롯이 녹아있다. 그들은 "추운 새벽을 태우는/장작 불가에 둘러서서/토해지는 허연 입김으로/전날 마신 술 얘기를 하고" 오징어 다리를 구워 해장술로 아침인사를 하는 여유도 있다. 그러나 "어느새 작업 알리는 감독관 호루라기 소리에/씹팔을 찾으며 산꼭대기로 몰리는"「산판에서」 산짐승을 닮은 가파른 삶이다.

그러한 삶은 끝없는 "어둠 속에서/절망을 씹으며/가슴 속에 품은 빛깔을/하나씩 내려놓"는 「강물」 고단함의 연속이다. 하지만 시인은 얼음조각이 살갗에 박히는 아픈 현실 속에서도 가슴 속 꿈만은 결코 내어지지 않겠다고 어금니를 깨물며 다시 아픈 삶 속으로 걸어들어 간다.

잎 다 떨군 바람이
가슴 속 꿈마저 내 놓으라고
멱살을 잡는다고 내 줄 줄 아느냐

언 뿌리 끝이 아리게 아파지고
가지마다 얼음조각이 박힌다고
꽃 피우는 일 못할 줄 아느냐

멱살을 놓지 않는 바람 앞에
한쪽 가지 끝을 내 줄 수 있어도
가슴속 꿈을 내 줄 줄 아느냐

칼끝 바람이 언 가슴 후벼 파며
빈가지 다 찍어 내린다 해도
가슴속 꿈을 버릴 줄 아느냐

-「겨울나무」 전문

그 길은 국토가 분단된 역사적 상황 속에서 50년 동안이나 실향민으로 살면서 늙은 어머니와 얼떨결에 떠나온 고향에 다시 돌아가겠다는 꿈을 잃지 않았던 아버지의 길이기도 했다. 그래서 생전 자식에게 매정하기만 했던, 50년 동안 소주병을 든 모습만 기억되는 미워했던 아버지의 영혼과 화해할 수 있게 된다.

시인은 불혹의 나이에 이르러 그런 아버지의 모습과 많이 닮아졌다. 중년에 접어든 시인의 자화상은 이제 아버지의 영정과 오버랩 되어 진한 가족애를 느끼게 된다. 아버지의 어깨에 지워졌던 그 보기 싫던 지게를, 아버지의 죽음으로 주인을 잃고 이제 쓸모조차 없어진 그 재래식 운송 수단을 이제 아들이 짊어지게 된 것이다.

이는 실향민의 죽음과 함께 역사 속으로 사라질 줄 알았던 그 이산의 고통이 아들에게 그대로 전이된다는 사실을 의미한다. 살아서 반드시 고향에 돌아가겠다던 그 질긴 희망이 이제 아들이 대신 맡아야 하는 숙제가 되었다. 그래서 아들은 아버지의 고향 황해도 은파리가 몹시 보고 싶어진다. 실향의 아픔도 2세에게 유전된다는 생물학적 원리를 무색케 하는 이 기막힌 현실이 그가 사는 철원만이 간직한 비극이다.

> 1886년생 이름도 없이 성만 올라 있는
> 호적등본에 황해도 봉산군 초화면 은파리
> 미상 번지에 거주하고 있다는 할머니
> 가위표 없이 북녘 땅에 계신다는 호적입니다
> 세월을 이겨낼 수 없는 고령이라
> 언제 돌아가셨는지 알 수 없는 제사 날짜를
> 할머니 생일로 정해 십 년 전부터 지내지만
> 호적상에 할머니는 북녘 땅에 살아 계십니다.
> 이제 아버지도 고향 땅 밟지 못한 채 세상 떠나고
> 살아생전 자식들에게 할머니가 계셨다는 거
> 시집 안 간 고모가 있다는 거 큰아버지는 피난길에
> 총 맞아 죽었다는 얘기 수없이 들었어도

이다음에 통일되어 고향 길 열려도
사진 한 장 없이 어떤 증표 하나 없이
미상 번지 호적등본 하나로 오십 년 세월을 넘어
아버지 없는 고향을 찾아갈 수 있는지
무엇으로 일가친척 만나고
어쩜 살아 계실지도 모를 할머니를 만나서
아버지의 그리움으로 가슴 찢긴
서러운 세월을 다 얘기할 수 있는지.

-「호적등본」 전문

아들의 혈관으로 수혈된 아버지의 한을 풀어주는 방법은 단 하나다. 그것은 다름 아닌 냉전의 상징인 군사분계선이 걷히고 민족분단의 비극이 해소되는 것이다. 그래서 노가다 인생으로 전락한 먹고살기 힘든 삶이지만 시인의 화두는 '통일' 이 될 수 밖에 없다. 이제 시인이 쓴 시는 통일의 노래가 되어 DMZ에 울려 퍼진다. 시인은 자신이 그동안 한번이라도 "내 몸을 태우는 처절함으로 살아왔던 가" 라고 자문하며 "불꽃 속에 내 몸을 던져/따뜻함만 주는 불꽃이 되고 싶다"는 「불꽃」 각성의 문으로 들어선다.

쉽지는 않을 걸세
우리가 기다리는 그날은
가진 거 아무것도 없다 해도
들풀처럼 질긴 삶에 애착이
이미 대지에 깊게 뿌리박았으니

세상 파랗게 보는 눈길로
손발 부지런히 움직이면
내린 뿌리는 노력에 자양분을 받아
푸른 물결 이룰 것이고
이룰 꿈도 꽃잎으로 만발할 것이니
그날을 위하여
멈추지 말고 뛰어라
그대여

「그날을 위하여」 전문

통일의 염원이 남달리 간절하기에 철원의 토착민다운 공상으로 진전되기에 이른다. "하나로 이어진 철원평야/대마리 한쪽 철조망 거둬내서/트랙터 하나 가는 농로 하나 내면/봄이면 북쪽 땅으로 쟁기질하러 가고/모심을 때 북녘 동포 내려와 모심기하고/모심기 다한 뒷마당은 월정역 앞에서/어깨춤 절로 나는 꽹과리 장구 두들기며/올해도 풍년 되길 하늘 향해 땅의 소리/사람 소리 한목소리로 내봤으면 좋겠네.「철조망 거둬내서 농로 하나 내면」

이런 공상은 더욱 구체화돼 2020년에는 통일의 그날이 도래할 것으로 예언하는 단계로 까지 비약한다. "얘야! 우리가 탄 열차가 경원선 이란다/서울에서 원산까지 달리는 철길 이란다/지금은 철길 따라 북녘 땅을 갈 수 있지만/원산 함흥 러시아 너머까지 갈 수 있지만/이십 년 전만 해도 남북으로 갈라져서/월정역엔 폭격으로 쓰러진 녹슨 철마와/철원 벌판 누비던 병사들 군홧발 소리와/서로 총부리 겨눈 동토의 휴전선만 있었단다/… 황해도 봉산 땅에 친척도 만나러 가서/조상 묘 앞에 세대를 건너뛴 자손 도리 하자구나"「2020년 경원선 철길」

생전 간절하게 바라던 북녘 고향집 방문을 이루지 못하고 끝내 저승길을 가버린 아버지의 한풀이라도 해주려는 듯 처연한 진혼곡으로 들린다.

하지만 접경지역 철원에서 바라본 휴전선은 여전히 견고해 보인다. 어지간한 힘으로는 끊겨져 나갈 것 같지 않은 팽팽한 긴장 상태로 가로질러 놓여있다. "겨울 얼음 빛으로 감싸 쥔 이 겨울은/부끄럼도 없이 아랫도리 다 내놓은/악다구니로 극을 치닫고 있는"「겨울밤 · 2」 지상의 언어조차도 위압감에 마비된 겨울나라인 것이다.

이런 현실에 시인이 바라는 꿈은 오직 하나 남녘땅에서 불어오는 「봄바람」이다. 위풍당당한 구원병의 모습을 한 봄바람은 쇠말뚝이나 낡은 이데올로기, 냉전사고, 불신의 벽 같은 것쯤은 "멱살을 움켜쥐고 바닥에 패대기치면서/집채도 삼킬 듯이 덤벼드는” 막강한 위력을 가졌다.

“낡은 기왓장 담벼락은 무사하지 못하고/날아가고 쓰러지고 박살이 나는 아수라장”을 만드는 봄바람이 속히 불어오기만을 고대한다. “새봄 새싹을 위한 자리걷이”를 위한 “낡은 것 다 몰아가는” 한바탕 신명나는 “푸닥거리”「봄바람」를 간절히 기원하는 강신제를 올린다.

이런 심정에 도달하면 고향산천들은 ‘산은 산이요 물은 물’이 된다. 접경지역의 산하는 철조망에 찢기고 속살이 벌겋게 파헤쳐진 모습이 철원사람들의 모습과 너무나 닮은 함께 자란 이웃이기에 시인은 따뜻한 시선으로 바라볼 수 있다. 이제 그들은 혐오의 대상이 아니라 친근한 벗이자 수호신이며 큰 바위 얼굴처럼 시인을 비롯한 철원사람들의 자화상이 된다.

이앙기로 모를 내도
빈자리 뜬 자리가 많아
논바닥에 허리 숙이며
손끝이 문드러지게 뜬모 하다
뻐근하게 아파지는 허리 펴 보면
아득하게 펼쳐진 평야 끝으로
어김없이 보이는 금학산
어버이같이 우리 삶에 버팀목인 금학산이
오늘따라 무심하게 보이는 것은

사계절 철원 평야 일궈 내느라
금학산 그늘 벗어날 수 없는 철원 사람이면
논물 보러가는 첫 새벽부터 보는 산인데
오늘같이 힘들 때는 늘 옆에 사는 이웃같이
여보게 끝나려면 아직 멀었느냐며 팔 걸어붙이고
논배미로 저벅저벅 걸어 들어와
고된 일손 덜어 주지 않으면서
어느새 하루해를 금학산 꼭대기에 올려놓고
노을빛으로 지우고 있기 때문이지요.

-「철원평야 - 금학산」 전문

이전의 고향 산천은 산은 산이 아니고 물은 물이 아니었다. 궁예의 천년 한이 서린 명성산은 약초캐던 노인을 실족케 하고 "덜컥 내려앉고 두 다리는 후들 거리" 게 하고 "주위사람을 목청껏 불러 봐도 산울림만 있을 뿐"「실종(무서움은 가슴 속에서/지어내는 겁니다)」인 공포스런 존재였다. 그 속에 있던 석천사라는 절은 "이어온 고된 삶 덜어 달라고/전생의 업 씻어 달라고" 찾아 갔지만 난리 통에 불타 무너져 "부처도 산 중도 다 떠난/… 먼 산들이 내려와 꿇어앉은 침묵일 뿐 숯 검댕이 다된"「석천사」 몰골을 하고 있다. 석천사가 있던 석천계곡은 조선시대 유학자이자 겸재 정선의 스승이던 김창흡이 쓴 '석천곡기' 에 소개될 정도로 빼어난 절경을 간직한 명소다. 당쟁을 피해 철원으로 숨어든 김창흡은 석천계곡과 인접한 삼부연 폭포 근처에 은거하며 스스로 호를 '삼연' 이라 짓고 이곳의 경치를 벗하며 살았다.

다른 산과 강의 모습들도 처지가 다를 바 없다. 심지어는 휴전선 철조망에 핀 이름모를 들꽃마저도 철조망 우리에 갇힌 불쌍한 존재로 다가온다. 그 꽃들은 "섬뜩한 가시철조망 속에서/무슨 배짱으로 꽃을 피웠는지" 언뜻 보기에 면책특권을 누리는 존재로 보일지 모르지만 , 금기와 통제로 넘을 수 없는 선이 8할을 차지하는 땅에 살고 있는 철원민의 눈에는 "너희도 철조망 속에 갇혀 있"는 불행한 존재일 수밖에 없다.

이제 전선의 겨울을 몰아내고 대지에 생명의 숨결을 불어넣어 줄 봄바람이 불어올 날이 머지않았음을 깨달은 시인은 피해의식을 청산하고 희망의 문을 향해 걸어간다. 봄소식은 눈이 녹는 고지에서 시작돼 시냇물에게 바통을 넘긴다. 그래서 " 냇물은 별빛을 품어 안고/물길 막는 어둠을 가셔 낸다"「어둠을 가셔 내는 냇물」. 그동안 시인이 앓던 고질병들은 진주조개가 겪은 아픔과 상통한다. 오랜 시간 내장을 후벼 파는 담석증을 견뎌낸 후에 영롱한 진주를 키워내듯이 시인은 자신을 힘들게 괴롭히던 고단한 삶들이 '사리' 를 키우는 수행의 과정이었음을 짐작하게 된다.

가슴 찌르는
철조망 뜯어다 태우면
타고 남은 재 속에
가시 舍利 나올까

고향 잃은
시커먼 가슴 끄집어내
불길 속에 태우면
피눈물이 舍利로 나올까

월정역 녹슨 철마 녹이면
북녘 땅 달리지 못한 세월
토해놓는 기적 소리가
舍利 되어 나올까

불꽃 속에 남은 舍利
석탑 속에 봉안하고
두 손 모은 합장 하면
가슴속 소원 이루어질까

-「舍利」 전문

이제 시인은 "전생에 업까지 떠넘기는 이 무거운 굴레/ … 헐벗은 몸부림이 크면 클수록/아득히 묻히는 겨울 한복판"「빈가지 · 2」에서 벗어나 "세상 휘감고/우리 가슴을 휘감고/세상 번뇌 걷어내는 강물이 되어/ … 가슴 속에 품은 빛깔을/하나씩 내려놓고/거친 암반 뚫는"「강물」 길을 가고자 한다.

최전선 땅 철원에서 함께 공부를 하며 문학의 열정을 공유했던 조광태 시인의 첫 시집 출간을 누구보다도 기쁜 마음으로 축하하며 삶에 지쳐 절망하는 이들에게 위안과 긍정의 힘을 불어넣는 시편들을 토해 낼 것으로 믿는다. 오래도록 시인의 앞날에 건승이 있기를 기원한다.

인지
생략

들꽃시선 90

철조망 거둬내서 농로 하나 내면

2007년 12월 15일 초판인쇄
2007년 12월 22일 초판펴냄

지은이/조광태

펴낸이/문창길

펴낸곳/도서출판 들꽃
주 소/100-273 서울 중구 필동3가 21-8 서울캐피탈빌딩 B202호
전 화/02)2267-6833, 2273-1506
팩 스/02)2268-7067
출판등록/제5-313호(1992. 5. 15)
E-mail:dlkot108@hanmail.net

값 6,000원
*파본된 책은 바꾸어 드립니다.

ISBN 978-89-6143-108-8 04810
ISBN 978-89-951327-0-8(세트)